LE PÈLERINAGE

DE LA

JEUNESSE FRANÇAISE

A ROME

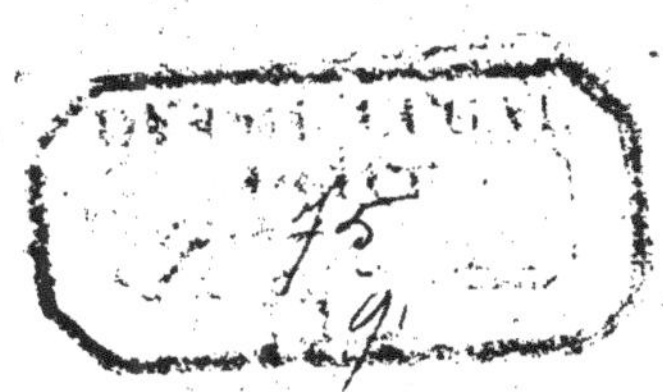

SEPTEMBRE-OCTOBRE 1891

RÉCIT D'UN PÈLERIN

CHATEAUROUX

TYPOGRAPHIE ET STÉRÉOTYPIE A. MAJESTÉ

1891

LE PÈLERINAGE

DE LA

JEUNESSE FRANÇAISE

A ROME

Forsan et hæc olim meminisse juvabit
Un jour peut-être ces souvenirs vous seront agréables.
Enéide. Liv. Ier, v. 203.

Le pèlerinage de la jeunesse française à Rome est dù au troisième centenaire de saint Louis de Gonzague. De grandes fêtes ont eu lieu cette année le 21 juin, dans toute la catholicité ; on a voulu donner un couronnement à ces fêtes ; ce couronnement, c'est le pèlerinage. Il fut organisé par les soins du Révérend Père Tournade, de la Compagnie de Jésus. L'honneur de se mettre à la tête d'une manifestation ayant pour but la glorification d'un des plus nobles enfants de saint Ignace revenait bien à un des membres de l'illustre Compagnie.

Le pèlerinage comprenait 586 pèlerins ; le départ fut fixé de Paris au 25 septembre. Le matin de ce jour, la messe du départ fut dite par le R. P. Tournade, à Notre-Dame-des-Victoires. Dans une pieuse allocution le R. Père félicita les pèlerins, leur recommanda de prier avec ferveur pour l'Église et pour la France, et surtout de marcher sur les traces de l'aimable patron de la jeunesse. Après la messe on récita la prière de l'Itinéraire ; puis, les pèlerins se séparèrent en se donnant rendez-vous à la gare de Lyon, pour l'après-midi. En effet, vers une heure et demie, les pèlerins arrivent, font timbrer leurs billets et passent successivement sur la voie. Le Père Tournade, qui préside aux derniers préparatifs, indique à chacun le compartiment qu'il doit occuper. C'est chose facile du reste. Les compar-

1"

liments sont numérotés ; à la portière de chacun d'eux
est affichée la liste des voyageurs. Des jeunes gens,
chefs de groupes et membres de la direction du Pèlerinage, remettent aux pèlerins une feuille contenant
l'horaire du train, le programme des exercices et les
avis que comporte le bon ordre. Le départ est fixé à
2 h. 25, et nous ne devons arriver à Rome que le sur-
lendemain à 6 heures et demie du soir. Pendant ces
quarante-huit heures, il faudra manger. Rassurez-
vous ; la Direction l'a prévu. Elle fait remettre à chaque pèlerin le carnet des repas en route et le premier
dîner en paquets. Le carnet des repas en route est une
série de bons que le pèlerin détachera successivement ;
sur le vu de ces bons, il prendra un repas dans les
buffets ou hôtels nommément désignés. Un dîner en
paquets se compose d'un sac en papier, contenant une
tranche de saucisson ou de rosbif, une aile ou une
cuisse de poulet rôti, un morceau de fromage, un fruit,
un petit pain et un demi-litre de vin. Pendant que
se fait la distribution, les pèlerins s'installent dans
leurs compartiments respectifs. Ils viennent des quatre
points cardinaux. Nous avons dans notre compartiment deux Albigeois et un Orléanais ; nous prendrons
en route quatre Dauphinois. Dans le compartiment
voisin, un Parisien serre la main d'un Normand, un
Breton y coudoie un Auvergnat.

Il est 2 h. 25 ; le train s'ébranle. Un train de pèlerinage , c'est une communauté ambulante ; les exercices
de piété s'y entremêlent à de joyeux ébats. Le premier
exercice prescrit, c'est la récitation du chapelet ; nous
le récitons immédiatement pour le succès du pèlerinage. Nous arrivons ainsi à Melun ; nous y prenons
quelques pèlerins, qui sont joyeusement accueillis ; il
en sera de même aux différentes stations du parcours.
Nous arrivons à la Roche (Yonne), à la nuit tombante ;
nous avons 36 minutes d'arrêt. Nous en profitons pour
prendre l'air et pour jeter à la boîte quelques mots
pour les parents et amis. Nous repartons à 6 h. 50 au
chant du *Magnificat* et de l'*Ave Maris stella*. L'heure
du dîner est arrivée ; nous tirons de nos sacs en papier
les provisions qu'ils renferment, nous les trouvons
excellentes. Nous sommes à Dijon vers 10 h. 1/2 ; nous
faisons la prière du soir ; désormais le silence s'im-

pose ; chacun éprouve le besoin de dormir. Nous traversons successivement, Mâcon, Bourg, Ambérieux, Culoz,
Aix-les-Bains et Chambéry. A Culoz, nous prenons les
pèlerins de Lyon, et à Chambéry, ceux de Grenoble ;
ce sont les derniers que nous devions prendre.

Samedi 26 septembre.

Il est cinq heures du matin, lorsque nous arrivons
à Chambéry. C'est l'heure de la prière ; nous la faisons
suivre de la récitation du chapelet. Le pays dans lequel
nous entrons est tout différent de celui du centre de la
France : Nous sommes dans la région des montagnes.
Nous apercevons de temps en temps des pics couronnés
de neiges fraîchement tombées ; ces neiges au soleil
levant présentent une teinte dorée qui charme l'œil du
voyageur. A Chignin-les-Mines, nous voyons à gauche
les restes du vieux château, berceau de saint Anthelme,
saint très populaire dans le pays, et à droite, le clocher
de Notre-Dame-de-Myans, lieu de pèlerinage en renom.
Nous arrivons à Modane, vers neuf heures ; c'est la dernière station française. La douane visite nos sacs de
voyage, chose assez inutile ; on nous sert un potage,
que nous acceptons avec plaisir, et on nous remet le
déjeuner en paquet que nous devons prendre en route. Là,
nous apprenons une nouvelle que nous jugeons fâcheuse.
Le Père Tournade, qui depuis plusieurs mois s'est consa-
cré à l'organisation du pèlerinage, ne doit pas aller plus
loin. Nouveau Moïse, il contemplera de loin la terre
promise sans pouvoir y entrer. Le Révérend Père,
généreux jusqu'au bout, s'occupe de l'organisation du
nouveau train ; car nous devons quitter les wagons
français pour prendre les italiens. Nous n'en sommes
pas flattés ; les wagons italiens sont un peu moins pro-
pres et un peu moins confortables que les français.
Chacun prend sa place ; il est dix heures ; le train va
se mettre en marche. Le Père Tournade, debout sur le
quai, souhaite un bon voyage aux pèlerins ; lui-même
est salué et acclamé par eux ; désormais le pèlerinage
est sous la direction de M. l'abbé Boullet, du diocèse
d'Orléans. A peine sommes-nous sortis de la gare de
Modane que nous entrons dans le tunnel du Mont Cenis,
long de 12 kilomètres. Nous sommes une demi-heure à
peu près sous terre ; sans craindre quoi que ce soit,

nous saluons avec plaisir le retour de la lumière. La campagne qui s'offre à nous au sortir du tunnel est à peu près celle que nous venons de quitter : pays montagneux, sol peu fertile. Bientôt les montagnes s'aplanissent ; la plaine domine ; nous arrivons vers trois heures à Turin. Nous avons trois heures à notre disposition ; nous en profitons pour visiter la ville. A partir de la gare, la ville de Turin paraît sise sur un plan incliné ; de l'autre côté, elle est entourée de collines, notamment de la Superga, surmontée d'une belle église, à laquelle on accède par un chemin de fer funiculaire. Devant nous s'étend une large promenade, plantée de beaux arbres ; c'est le Cours Victor-Emmanuel, orné d'une statue du souverain. A mi-côte à peu près de cette promenade, nous entrons dans une église dédiée à la Sainte-Vierge sous le vocable de *Janua Cœli*, Porte du Ciel. Cette église, de construction récente, est fort belle ; le maître-autel est vraiment remarquable. Du bas du Cours Victor-Emmanuel nous apercevons sur un monticule le Couvent des Capucins, du haut duquel on jouit, dit-on, d'une vue splendide. Nous visitons plusieurs églises : le Saint-Sacrement, Saint-Marc, Saint-Charles, etc... Nous voyons çà et là divers monuments érigés en l'honneur de différents princes de la maison de Savoie ; nous arrivons sur la place principale de la ville. A droite, le Palais Madame, transformé en musée ; en face le Palais du Roi, à gauche et un peu en arrière du palais du Roi, la Cathédrale. Le Palais royal n'a aucun caractère architectural ; c'est un grand bâtiment rectangulaire à trois étages. Tous les palais italiens du reste en sont là. Autant l'extérieur paraît simple et même délabré, autant l'intérieur est riche et somptueux. Nous visitons successivement toutes les salles du rez-de-chaussée ; elles sont dignes de Versailles. Deux galeries surtout méritent d'attirer l'attention ; chacune d'elles compte quarante colonnes de marbre blanc d'une seule pièce. A gauche du palais se trouve l'église qui sert de cathédrale ; ce n'est en réalité que la chapelle du palais ; aussi elle est petite et sans caractère. Du côté de l'évangile est une superbe *loggia* du haut de laquelle la famille royale entendait la messe lorsqu'elle résidait à Turin. Derrière le maître-autel est la chapelle du Saint-Suaire ; l'autel est surmonté d'un reliquaire en argent renfermant le suaire de Notre-Seigneur Jésus-Christ. Notre visite de la ville est terminée. Nous nous rendons à l'hôtel de Londres où le dîner des pèlerins est servi. Là, nous apprenons qu'une députation de la jeunesse de Turin est venue pour saluer les pèlerins. Cette gracieuse démarche n'avait pas été prévue ; une cinquantaine seulement de pèlerins ont pu recevoir les jeunes Turinois. En nous rendant à la gare, nous donnons un dernier coup d'œil à la ville, qui, par ses larges rues coupées à angles droits rappelle la Roche-sur-Yon. A 5 h. 50 nous quittons Turin, contents de notre visite. Nous passons sans nous arrêter à Alexandrie, à Novi, à Gênes. Nous faisons la prière du soir ; la journée du samedi est terminée.

Dimanche 27 septembre.

Le dimanche doit être sanctifié par l'assistance à la sainte messe ; nous remplirons ce devoir à Pise. Nous sommes en gare de Pise, à 4 heures et demie. Malgré l'heure matinale, des jeunes gens du cercle catholique de la ville sont venus à la gare saluer leurs frères de France. Les pèlerins s'acheminent vers la cathédrale, située à l'autre bout de la ville. Nous y arrivons vers 5 heures. Un prêtre du pèlerinage célèbre la messe, après laquelle M. l'abbé Boullet monte en chaire. Il dit aux pèlerins que leur pieux voyage est un acte de foi et d'espérance : un acte de foi, parce qu'ils croient à la sainteté et à la vitalité de l'église, dont ils vont vénérer le chef ; un acte d'espérance ; parce qu'ils souhaitent et espèrent par leurs prières l'exaltation de la sainte Église et le relèvement de la France. Nous visitons ensuite la cathédrale dont le vaisseau est très grand et très élevé. De là, nous passons au Baptistère, belle tour ronde surmontée d'une coupole. Ce monument jouit d'une résonnance remarquable. La voix humaine y est répercutée avec une fidélité frappante, les sons qu'on y fait entendre sont rendus d'une façon grave et harmonieuse. Entre la cathédrale et le baptistère s'étend le *Campo Santo*, cimetière de la ville. Ce cimetière ne ressemble en rien aux nôtres. Il se compose d'une galerie couverte rectangulaire tout autour de laquelle sont rangés des tombeaux surmontés du

buste ou de la statue du défunt, ou de statues allégo -
riques. Près du chevet de la cathédrale se dresse la
tour penchée, la plus grande curiosité de Pise. Cette
tour devait être bien verticale comme toutes les autres ;
pendant la construction, le sol s'affaissa, et, chose
singulière, la tour ne fut pas endommagée ; elle s'in-
fléchit vers le sol, comme si elle avait été d'une seule
pièce. Nous revenons à la gare par le pont Solférino ;
nous prenons une tasse de café dont nous avons grand
besoin ; on nous remet pour la route notre déjeuner en
paquet ; nous quittons Pise, à 8 h. 40, non moins satis-
faits qu'en quittant Turin. Le temps est magnifique ;
nous côtoyons la mer ; elle revêt une couleur bleu ciel
légèrement foncée, qui nous la fait paraître magnifique. A Orbetello nous entrons dans la campagne
romaine. Elle est bien telle que l'a décrite Château-
briand ; on dirait un grand désert. Le sol paraît peu
productif, les arbres rabougris, les animaux petits, les
habitants, très clairsemés, fort pauvres. Pendant que
le train nous emmène à travers ces plaines arides, nous
tâchons de sanctifier le dimanche par la récitation du
chapelet, le chant du *Magnificat* et de l'*Ave maris
stella*. La nuit approche ; notre train a du retard ; nous
n'entrons en gare de Rome que vers huit heures. La
gare est magnifiquement éclairée à la lumière électrique.
Sur le quai sont des députations venues pour saluer les
pèlerins. Au dehors une foule de plusieurs centaines de
personnes, attirées par la curiosité, est maintenue à
distance par un cordon d'agents. Cette foule ne témoi-
gne ni approbation, ni désapprobation. Les voitures
qui doivent nous conduire à nos hôtels respectifs sont
prêtes ; nous arrivons sans encombre. Hélas ! nous
devions apprendre une fois de plus, et à nos dépens,
que la Roche Tarpéienne est voisine du Capitole.

Lundi 28 septembre.

Dès l'aube, les pèlerins se rendent à l'église de
Saint-Ignace où se trouve l'autel de saint Louis de Gonzague. La messe est dite par le Cardinal-Vicaire. Avant
la communion, à laquelle prennent part tous les pèlerins, Son Éminence prononce une allocution dans
laquelle Elle retrace la vie de saint Louis de Gonzague
et présente l'aimable Saint comme un modèle de *piété*,

de *science* et de *pénitence*. Au sortir de l'église les pèlerins regagnent leurs hôtels respectifs, d'où ils devront se rendre au Vatican pour l'audience que le Saint-
Père doit donner aujourd'hui même dans la basilique
de Saint-Pierre aux jeunes gens de toutes les nationalités représentées.

Nous arrivons en effet vers onze heures par la colonnade de droite. Un maître des cérémonies placé sur le
haut des degrés appelle les différentes nationalités. Il
commence par l'Autriche-Hongrie. Ce pèlerinage avait
deux évêques à sa tête. Plusieurs jeunes magnats portant leur costume national, qui est fort riche, attirent
vivement l'attention. A ce pèlerinage se joignent quelques Polonais et quelques Slaves portant le bonnet turc.
On appelle ensuite la Belgique et la Hollande, puis le
Canada. A ce mot de Canada, les Français crient :
Vive le Canada ! Les Canadiens, visiblement touchés,
se découvrent et crient en passant devant le front des
Français : Vive la France ! Les Français, massés sur
la droite, attendaient leur tour avec une certaine impa-
tience et murmuraient de se voir appeler les derniers.
Enfin leur tour arriva. Celui qui portait notre drapeau,
un superbe drapeau de soie frangé d'or, vint se placer
en tête du cortège aux cris répétés de vive la France !
Près du drapeau national flottait l'étendard de l'association de la jeunesse, sorte de bannière composée de
deux bandes placées verticalement : l'une bleu ciel,
l'autre blanc de neige, frangée d'or. L'aspect de cet
étendard est vraiment gracieux. On appelle successivement les différents groupes : Paris, Lyon, Cambrai,
etc.... C'est ainsi que nous pénétrons dans la Basilique,
où nous nous rangeons sur deux immenses files le long
de la nef et des bas-côtés. Vers une heure et demie, le
Saint-Père entre dans l'église par une petite porte donnant dans la chapelle du Saint-Sacrement. A peine a-t-il
paru qu'il est salué par les acclamations répétées de :
Vive le Pape ! Vive le Pape-Roi ! Vive Léon XIII !
Comme les pèlerins avaient été rangés dans l'ordre de
leur entrée, les Français se trouvaient aux derniers
rangs. Le Saint-Père, porté sur une sorte de chaise lon-
gue, passe devant tous les pèlerins, adresse un mot à
chacun en lui serrant la main. Chaque pèlerin contemple ainsi de près les traits du Souverain Pontife. Sa

physionomie est un mélange de tristesse et de bonté.
Au fur et à mesure que le Pape passait devant chaque
nationalité, le drapeau de la nationalité était porté
devant lui. Lorsque le Pape arriva devant les Français,
M. de Mun prit place dans le cortège et nomma successivement à Sa Sainteté les groupes représentés. Son
Éminence le cardinal Langénieux, qui survint pendant
l'audience, se joignit également au cortège pontifical.
L'audience prit fin vers trois heures et demie.

Le soir à huit heures une grande réunion avait lieu
au hall de Sainte-Marthe du Vatican pour le pèlerinage
ouvrier. Les membres du pèlerinage de la jeunesse y
étaient également convoqués ; beaucoup s'y rendirent.
On entendit d'abord M. le vicomte de Roquefeuil,
président de l'Association catholique de la jeunesse
française, et vice-président de notre pèlerinage. Il fit
un parallèle entre la Rome antique et la Rome chrétienne. La Rome antique s'imposait par la force ; la
Rome chrétienne, par l'amour. La Rome ancienne ré-
duisait les peuples à l'esclavage ; la Rome chrétienne
les a rendus libres. La parole de M. de Roquefeuil, à
la fois calme et chaude, grave et élevée, fut fort goûtée
de l'auditoire et souvent interrompue par des applaudissements. Lorsque M. de Roquefeuil se fut assis,
M. de Mun monta à la tribune. L'apparition de l'illustre
orateur fut saluée par de chaleureux vivats et par des
acclamations prolongées. M. de Mun commence par
dire que le spectacle qu'il contemple en ce moment sera
un des plus grands honneurs et un des plus grands bon-
heurs de sa vie. Depuis longtemps il désirait mettre
en contact la classe ouvrière avec la Papauté ; aujour-
d'hui, c'est chose faite. Le premier pèlerinage ne comptait que deux mille ouvriers ; le second en comptait dix
mille ; celui-ci, près de vingt mille. Puis, reprenant le
thème de M. de Roquefeuil, il compare la Rome chrétienne à la Rome antique. On ne peut pas faire un pas
dans la ville de Rome sans y voir partout l'empreinte
de la Papauté. S'adressant directement aux jeunes
gens, il leur donne des conseils pleins de force et de
sagesse. « Les jeunes gens, dit-il, sont trop enclins au
plaisir. Il ne faut pas gaspiller le printemps de la vie
en occupations frivoles ; il faut travailler, il faut s'occuper de l'ouvrier, du faible, du pauvre, du petit ; il faut

aller à lui, lui faire comprendre que le socialisme révolutionnaire est une utopie, une illusion, un crime, qu'il n'y a de salut que dans la religion chrétienne sincèrement pratiquée par l'individu, par la famille, et conséquemment par la société. » L'orateur a terminé par la péroraison suivante : « Lorsque je visite l'église de Saint-Pierre, je suis toujours frappé par le beau tableau dans lequel l'apôtre saint Pierre, assisté de saint Jean, est représenté redressant les jambes du boiteux. « Au nom de Jésus-Christ, dit l'apôtre, lève-toi et marche. » Messieurs, vous êtes venus vénérer Pierre dans son successeur ; il vous dit : lève-toi et marche. Vous êtes catholiques et Français ; ce double titre vous oblige. Comme catholiques, vous devez être prêts à verser votre sang pour la défense de votre foi ; comme Français, vous appartenez à un pays où le dévouement est poussé jusqu'à l'héroïsme. De telles traditions constituent un patrimoine sacré ; ce patrimoine ne saurait périr entre vos mains. Soutenez donc envers et contre tous le bon combat, soutenez-le sans trêve ni merci, soutenez-le jusqu'au dernier soupir. » Là-dessus l'orateur descendit de la tribune. L'auditoire était en proie à une émotion indicible ; elle se traduisit par des acclamations enthousiastes, suivies d'une triple salve d'applaudissements. Son Éminence le cardinal Langénieux et Mgr l'archevêque d'Aix qui présidaient la réunion prirent successivement la parole pour féliciter les orateurs qui avaient si noblement parlé, et pour engager les jeunes gens à marcher sur les traces de chefs que leurs mérites plaçaient au-dessus de tout éloge.

Mardi 29 septembre.

C'est aujourd'hui la fête de saint Michel ; les cloches des églises nous l'ont fait pressentir hier soir par leurs joyeux carillons. Le Saint-Père doit dire la messe à Saint-Pierre pour tous les pèlerins. Nous partons de bonne heure ; nous arrivons vers 6 heures et demie dans la cour de la caserne des Suisses. Nous traversons différentes cours du palais pour entrer dans la Basilique. Aux pèlerins de la veille se sont joints des pèlerins d'Italie, notamment de Milan et de Pérouse. Vers huit heures et demie le Souverain Pontife paraît, porté sur le *sedia gestatoria ;* il est couvert de la tiare, ce qui lui donne un aspect noble et majestueux. Il est salué jusqu'à son arrivée à l'autel de la Confession par les vivats accoutumés. Il revêt les ornements sacrés ; les cardinaux et les prélats se rangent à droite et à gauche, le silence s'établit, la messe commence. Pendant la messe nous entendons des chants magnifiques, exécutés par des chœurs d'hommes et d'enfants, placés dans une tribune très élevée. Après l'élévation, les trompettes d'argent se font entendre ; c'est une sonnerie douce et harmonieuse, que l'on dirait échappée des parvis célestes ; l'impression produite est vraiment délicieuse. Un prélat célèbre ensuite la messe d'actions de grâces sur un petit autel dressé tout exprès dans le chœur ; pendant cette messe on récite le Rosaire ; le Saint-Père le récite avec toute l'assistance. Enfin tout est terminé. Le Pape reprend la tiare, remonte sur la *sedia*, s'arrête au milieu du transept, donne la bénédiction solennelle à toute l'assistance, fait le tour de l'autel de la Confession pour se retirer dans ses appartements. Il est dix heures ; nous sommes restés debout pendant quatre heures ; il est temps de rentrer. Nous trouvons sur la place un grand nombre d'agents et un double cordon de troupes qui ont stationné là durant la cérémonie.

Dans l'après-midi de ce jour nous commençons la visite des monuments. Nous débutons par l'église de la Trinité-des-Monts. A cette église, qui n'offre rien de particulier, est annexé un couvent fondé par François Ier, dans lequel les Dames du Sacré-Cœur tiennent un pensionnat. Nous sommes heureux de débuter par un souvenir qui nous rappelle la patrie absente. Nous retrouvons ces mêmes souvenirs quelques pas plus loin à la Villa Médicis, où viennent se former nos grands artistes en peinture et en sculpture. De là nous passons au *Monte-Pincio*. Le *Monte-Pincio* correspond à nos Champs-Élysées ; c'est la grande promenade de Rome. De là on jouit d'un très beau point de vue, qui embrasse toute la ville. Le *Pincio* est planté de très beaux arbres d'espèces variées ; le palmier y atteint une certaine grosseur. Du *Pincio* nous descendons à la place du Peuple. Cette place, située près de la porte de ce nom, est une des plus belles de Rome. Au milieu, un bel obélisque avec fontaines ; aux quatre coins, les statues des quatre saisons ; sur un des côtés, la statue de la ville de Rome, accompagnée de celles du Tibre et de l'Anio ; en face, le groupe dit de Neptune. Au-dessus de cette place, et à mi-côte du *Pincio*, dans une sorte de grotte champêtre, une statue équestre de Victor-Emmanuel. Près de cette place, l'église de Sainte-Marie-du-Peuple. Le maître autel est surmonté d'un tableau de la sainte Vierge, attribué à saint Luc ; au bas de la nef, deux chapelles magnifiques. qui, comme la plupart des chapelles des autres églises, servent de sépulture aux familles patriciennes. De la place du Peuple nous entrons dans le Corso. La rue du Corso répond à nos grands boulevards. C'est là que se trouvent les beaux magasins, éclairés à la lumière électrique, que passent et repassent les équipages, que le soir affluent les promeneurs.

Nous visitons ensuite ce qu'on appelle le cimetière des Capucins. Ce cimetière est un musée, comme on va le voir. On a construit un monastère sur l'emplacement d'un cimetière réservé exclusivement à la sépulture de religieux capucins. On a retiré de ce cimetière sept mille corps. Avec les ossements provenant de ces corps on a fait un véritable musée. Chaque salle est ornée d'autels, de tables, de bancs, de lampes, de vases, de candélabres, etc., formés avec les os des morts. Dans l'une des salles, six cadavres, revêtus du costume religieux, sont placés dans des niches. Ce cimetière d'un nouveau genre n'a pas l'aspect lugubre qu'on pourrait croire ; on le visite avec intérêt ; c'est une des plus grandes curiosités de Rome. Nous passons à l'église de Sainte-Marie-des-Anges. Cette belle église est une des principales salles des thermes de Dioclétien. La transformation de cette salle en église fut l'œuvre de Michel-Ange. Aux quatre angles du chœur se trouvent quatre magnifiques colonnes en granit rouge d'une seule pièce provenant des thermes eux-mêmes. On admire dans cette église, autrefois desservie par des Chartreux, une magnifique statue de Saint Bruno. Les savants ont aussi quelque chose à y admirer. Dans le bras droit du transept, on a tracé une méridienne sur le pavé de l'église en 1703, par ordre de Clément XI. En sortant de là, nous traversons des faubourgs pour arriver à Saint-Laurent-hors-les-Murs. Cette église, très ancienne, a été considérablement restaurée par le pape Pie IX ; aussi ce Pape l'avait-il choisie pour lieu de sa sépulture. Le tombeau de Pie IX, adossé au mur du fond de l'église, se compose d'un simple sarcophage en marbre noir, entouré de belles mosaïques. On remarque à droite et à gauche du chœur deux ambons, sorte de chaires pour le chant de l'épître et de l'évangile ; ces ambons sont les plus anciens de Rome. Derrière le maître-autel, et en face du tombeau de Pie IX, est exposée dans une vitrine la pierre sur laquelle fut posé le gril de saint Laurent. Le cimetière communal ou *Campo Santo* de la ville de Rome est attenant à l'église de Saint-Laurent. Il est précédé d'un portique surmonté de belles statues. Dans ce cimetière, on nous montre le monument élevé par Pie IX à la mémoire des combattants de Mentana ; nous nous agenouillons et nous récitons un *Pater* et un *Ave* pour ces braves défenseurs de l'Église. De Saint-Laurent, nous passons devant la Porte Majeure, ainsi nommée parce qu'elle est la plus belle de Rome. Elle supporte encore les restes de quatre acqueducs construits par les empereurs.

Nous entrons dans l'église de Sainte-Croix-de-Jérusalem. On y vénère trois morceaux importants de la vraie Croix, un clou, et l'inscription de la croix du bon larron. Nous arrivons ensuite à la *Scala Sancta*, Escalier Saint. La *Scala Sancta* est un escalier du prétoire de Pilate, que Notre-Seigneur a dû monter et descendre. Cet escalier se compose de vingt-huit marches. Il a été transporté de Jérusalem à Rome par les soins de l'impératrice sainte Hélène en 326, et reconstitué d'abord dans le palais de Latran ; puis, au XVIe siècle, sous Sixte-Quint, il fut placé à l'endroit où nous le voyons. Cet escalier est en marbre ; on le monte à genoux. Les genoux des fidèles avaient tellement usé les degrés que Clément XII les fit recouvrir de madriers en noyer, qui ont été renouvelés plusieurs fois. A droite et à gauche de la *Scala Sancta* sont deux groupes : le Baiser de Judas et l'*Ecce homo*. De la *Scala Sancta* à Saint-Jean-de-Latran il n'y a qu'un pas. La façade de cette basilique est imposante ; elle est surmontée de quinze statues monumentales ; celle de Notre-Seigneur occupe le le milieu. Saint-Jean-de-Latran est la cathédrale de Rome et, on pourrait le dire, du monde entier. Elle porte écrits à son frontopice ces mots : *Omnium eccle-siarum urbis et orbis caput et mater*, c'est-à-dire : Cette église est la tête et la mère de toutes les églises de Rome et de l'univers. C'est une vaste église à cinq nefs. La nef principale est ornée des statues des douze Apôtres. L'artiste qui a exécuté ces statues s'est sans doute plus préoccupé de l'effet à produire que de la vérité historique ; il a donné aux personnages une pose théâtrale peu en harmonie avec leur caractère. Dans cette même église on conserve la table sur laquelle Notre-Seigneur a institué la Sainte-Eucharistie, la table sur laquelle saint Pierre célébrait la messe, et les têtes des saints apôtres Pierre et Paul. L'abside a été riche-ment restaurée par les soins de Léon XIII. La plus belle chapelle de cette église est la chapelle de la famile Cor-sini ; dans la crypte est une très belle *Piéta* en marbre de Carrare. De Saint-Jean-de-Latran nous passons à Sainte-Marie-Majeure. Cette église est ainsi nommée parce qu'elle est la plus belle des nombreuses églises de Rome dédiées à la sainte Vierge. Sous le maître-autel on conserve la crèche de Notre-Seigneur. Au-dessus, est une Madone en grande vénération ; elle est attribuée comme celle de Sainte-Marie-du-Peuple à Saint Luc. C'est une peinture sur bois de cèdre. A notre arrivée Son Eminence le cardinal Langénieux était en prières dans la crypte. Son Eminence, au moment de se reti-rer, fut saluée par les jeunes pèlerins, à qui Elle dit : « Je salue en vous les héros de l'avenir. » La chapelle proprement dite de Notre-Dame-des-Neiges où se passa le miracle dont nous faisons mémoire le 5 août, est au bas de l'église à gauche en entrant. Sur la place de l'église s'élève une magnifique colonne portant une sta-tue en bronze de la sainte Vierge avec l'enfant Jésus, due au pape Paul V. De Sainte-Marie-Majeure nous allons à Sainte-Praxède. On y conserve la colonne à la-quelle Notre-Seigneur fut attaché.

C'est notre dernière visite de la journée.

Mercredi 30 septembre.

Cette journée est consacrée tout entière à la visite des monuments. Nous débutons par la maison de Rienzi, célèbre tribun du XIVe siècle. Près de là, se trouve le temple de la Fortune virile, devenu l'église de Sainte-

Marie-l'Egyptienne. Nous voyons ensuite un temple en l'honneur de Vesta ; ce n'est point celui dans lequel on conservait le feu sacré ; nous le verrons plus loin ; ce petit temple de forme ronde, est devenu depuis l'église de Notre-Dame-du-Soleil. En face est l'église de Notre-Dame-in-Cosmedin, ancien temple de Cérès et Proserpine. Les colonnes du temple ont été enchâssées dans les murs de l'église ; le clocher est une belle tour carrée. De là nous passons devant l'arc de Janus aux Quatre-Fronts. Cet arc très massif au coup d'œil fut construit par l'empereur Auguste sur l'emplacement du marché aux bœufs ; près de cet arc se trouve l'entrée de la *Cloaca maxima*, gand égout construit par Tarquin, l'Ancien. De l'autre côté de l'arc, sur une éminence, est l'église de Saint-Georges, une des plus anciennes de Rome ; le clocher, moins ancien, est du VIIIe siècle. Dans cette église on conserve la tête du Saint, son épée et son étendard. Nous passons devant l'église et l'hôpital Saint-Alexis pour arriver à Sainte-Sabine. Cette église, construite sur l'emplacement de la tombe de la Sainte, était autrefois un temple de Diane. Les superbes colonnes de l'église sont celles du temple même. Au fond de la nef de droite est la chapelle du Rosaire, Au-dessus de l'autel est un tableau, chef-d'œuvre de Sassoferrato, représentant la sainte Vierge avec l'enfant Jésus, et saint Dominique et sainte Catherine de Sienne. Une gravure, copie authentique de ce tableau, se trouve dans l'église du Poinçonnet. Dans une cour attenant à l'église on voit l'olivier planté par saint Dominique. Au premier étage la chambre du saint a été transformée en oratoire. Nous sortons de Rome par la porte Saint-Paul. Nous trouvons à droite la pyramide de Caïus Cestius. Cette pyramide, toute en marbre, noirci par le temps, a 37 mètres de hauteur ; elle est en partie encastrée dans le mur d'enceinte. On voit en effet à cet endroit des restes des remparts de Rome, qui était défendue par 360 tours carrées. Caïus Cestius fut préteur une vingtaine d'années avant Jésus-Christ ; cette pyramide est son tombeau. Nous arrivons à la basilique de Saint-Paul-hors-les-Murs, le plus bel édifice moderne de Rome. Le maître-autel est surmonté d'un double baldaquin. Le premier, de genre gothique, est supporté par des colonnes de porphyre rouge ; le second, beaucoup

plus élevé, est supporté par quatre magnifiques colonnes en albâtre oriental, don du vice-roi d'Egypte,
Méhémet-Ali. Les bases de ces colonnes ainsi que les
autels de la sainte Vierge et de la Conversion de saint
Paul, placés l'un en face de l'autre dans le bas du transept, sont en malachite, marbre vert très précieux, don
de l'empereur Nicolas de Russie. Au-dessus du maître-
autel sont représentés en grandeur naturelle Notre-Seigneur, les quatre Evangélistes, les vingt-quatre vieil-
lards de l'Apocalypse, le tout en superbes mosaïques. A
droite et à gauche de l'autel sont les statues colossales
en marbre de Carrare des saints apôtres Pierre et Paul.
Cette église divisée en cinq nefs, a 120 mètres de long,
60 de large et 23 de hauteur. Le pavé en marbre et en
mosaïque est si luisant que le passant peut s'y regarder
comme dans un miroir. Les colonnes qui supportent
l'édifice sont au nombre de 80 ; elles sont en granit gris
du Simplon et d'une seule pièce ; elles ont été offertes
par le roi Charles-Albert. Tout autour de la nef sont
les portraits des Papes, depuis saint Pierre jusqu'à
Léon XIII ; tous ces portraits en mosaïques constituent
une magnifique galerie. Parmi les chapelles, nous
avons à citer celles de l'Assomption et de la Conversion
de saint Paul, dont nous avons déjà parlé, et la chapelle de Saint-Etienne avec une statue du Saint et de
belles fresques rappelant son martyre. On admire encore dans la basilique un arc triomphal, érigé en l'honneur de la reine Placidie, fille du grand Théodose et
mère de Valentinien. Sorti de la basilique, le visiteur
va admirer sur la façade principale de superbes mosaïques, exécutées dans les ateliers pontificaux. Cette
façade doit être complétée par un portique ; des ouvriers
le construisent actuellement aux frais du gouvernement
italien.

La basilique de Saint-Paul est sur la voie d'Ostie ; de
cette voie, nous passons sur la voie Appienne ; nous arrivons à la basilique de Saint-Sébastien. L'église pri-
mitive fut construite sur les catacombes de ce nom par
Constantin ; la construction actuelle est du XVIIᵉ siècle.
Le maître-autel renferme le corps du pape saint Etienne,
qui fut martyrisé dans ces catacombes. On y conserve
une des flèches qui ont transpercé saint Sébastien et la
colonne à laquelle il fut attaché. Dans l'une des chapel-

les on admire une magnifique statue du Saint, œuvre
du Bernin. On descend dans une crypte, dans laquelle
ont été déposés pendant quelque temps les corps des
saints apôtres Pierre et Paul. Non loin de la basilique
de Saint-Sébastien est le tombeau de Cécilia Métella.
Au IVe siècle, ce tombeau pouvait être *un chef-d'œuvre
de grandeur et d'élégance*. Aujourd'hui il conserve des
traces de grandeur et d'élégance : de grandeur, car la
tour ronde qui le compose a un grand diamètre ; d'élégance, car la frise est ornée d'une guirlande finement
sculptée. Ce tombeau, en beau marbre blanc, est noirci
par le temps. Près de ce tombeau sont les ruines de l'é-
glise Saint-Nicolas, seules ruines de l'art gothique exis-
tant à Rome. Nous passons près du cirque de Maxence,
qui pouvait contenir 27.000 spectateurs. La voie Appienne, sur laquelle nous sommes, tire son nom du con-
sul Appius Claudius, qui la fit construire 310 ans avant
Jésus-Christ. Elle s'étendait jusqu'à Brindisi et avait
quatre cents milles de longueur ; elle était bordée par les
tombeaux des grands personnages. En la suivant dans
la direction de Rome, nous apercevons sur la droite les
restes des acqueducs de Claude et de Sixte-Quint, les
Apennins, les monts Albains ; nous arrivons ainsi à la
catacombe de Saint-Calixte située à gauche.

Les catacombes sont d'immenses excavations qui en-
tourent la ville de Rome. Les chrétiens s'y réfugiaient
pendant les persécutions, y célébraient les saints mys-
tères, et y enterraient leurs morts. La catacombe de
Saint-Calixte est une des principales ; elle est gardée
par des religieux Trappistes français ; nous sommes
heureux de retrouver là un coin de la France. On y descend par un escalier qui doit être moins ancien que la
Catacombe même ; les parois sont couvertes d'inscriptions grecques et latines. On nous montre successivement la crypte des Papes, ainsi nommée parce que
plusieurs papes y sont enterrés, la chapelle de Sainte-
Cécile où le corps de la Sainte a été conservé pendant
plusieurs années pour le soustraire aux profanations, et
la chapelle dite des Sacrements. Le Baptême y est figuré
par Moïse frappant le rocher, l'Eucharistie par la mul-
tiplication des pains, la Pénitence par le Bon Pasteur
portant sur ses épaules la brebis égarée. Par ce mot de
chapelle que le lecteur n'entende point une construction

en pierre ; ces chapelles sont des excavations soutenues par des murs d'appui ; d'étroits corridors, soutenus de la même manière, font communiquer ensemble les diverses pièces. Dans chacune de ces chapelles est une simple table pour la célébration de la messe. La catacombe de Saint-Calixte doit être très profonde ; elle se compose de trois étages superposés ; or, l'étage supérieur est de beaucoup au-dessous du sol. Au bout d'une demi-heure nous sortons de la catacombe pensifs et rêveurs ; nous avons eu une vision des premiers âges.

Quelques pas plus loin, nous trouvons la chapelle *Domine, quo vadis*. On raconte que saint Pierre, fuyant la persécution rencontra Notre-Seigneur tenant sa croix. « *Domine quo vadis*, Seigneur, où allez-vous ? lui dit-il. » — « Je vais me faire crucifier de nouveau, répondit le Sauveur. » L'apôtre comprit et retourna dans Rome. La chapelle est construite sur l'emplacement de cette scène. On conserve dans l'église le *fac-simile* d'une pierre portant l'empreinte des pieds du Sauveur ; la pierre portant la véritable empreinte est dans l'église de Saint-Sébastien. Enfin on voit dans cette même église le *fac-simile* du Christ tenant sa croix ; l'original, œuvre de Michel-Ange, se trouve dans l'église de Sainte-Marie-sur-Minerve comme nous le dirons plus loin. Nous rentrons dans Rome par la porte Saint-Sébastien, près de laquelle se trouve l'arc de Drusus. Cet arc fut surmonté plus tard d'une construction dont le soubassement existe encore ; ce soubassement dépare l'arc et lui donne l'air d'une ruine ; on ferait bien de le faire disparaître. Nous passons ensuite sous l'arc triomphal de Constantin. Cet arc, le mieux conservé de la ville de Rome, a un aspect grandiose ; l'arc de triomphe de l'Etoile peut en donner une idée. Une inscription rappelle que cet arc a été érigé par le sénat et le peuple romain 312 ans après Jésus-Christ en mémoire de la victoire de Constantin sur Maxence. Constantin y est qualifié de *libérateur de la ville et auteur du repos public*. Une partie des bas-reliefs qui le décorent provient de l'arc de Trajan. Nons voyons ensuite les ruines du temple de Vénus et Rome. Ce temple construit par Adrien 140 ans après Jésus-Christ était le plus beau de la ville, et sans doute un des plus beaux du monde entier ; il était entouré d'une colonnade composée de trois cents colonnes en granit égyptien d'une seule pièce. Un peu plus loin est l'énorme soubassement de la statue colossale de Néron, statue en bronze de quarante mètres de hauteur. Nous voici au Colisée. Le Colisée, ou amphithéâtre Flavien, fut construit sous Vespasien et Titus, après la destruction de Jérusalem ; aussi fut-il construit surtout par les prisonniers juifs. De forme ovale, il a 200 mètres de long sur 167 de large ; il pouvait contenir 87.000 spectateurs répartis sur quatre étages. Un violent tremblement de terre le détruisit en partie en 1349 ; les ruines en sont imposantes et grandioses. On voit encore la place de la loge impériale, en face de laquelle était celle des Vestales, et les souterrains par lesquels arrivaient les prisonniers et les bêtes féroces qui devaient les dévorer. On frémit en songeant au nombre incalculable de victimes humaines égorgées dans cette immense arène. Le peuple-roi avait des instincts sauvages ; ses descendants en ont peut-être hérité; nous le craignons.

Des inscriptions rappellent que Benoît XIV et Pie IX ont fait exécuter des travaux importants pour préserver le Colisée d'une ruine complète. Le pape Benoît XIV y fit même ériger les stations du Chemin de la Croix avec une croix monumentale. Après Jérusalem, sanctifiée par le sang du Sauveur, aucune terre n'est plus sainte ; le Chemin de la Croix avait donc ici sa place toute marquée; le gouvernement italien, nous devons le dire à sa honte, n'a pas compris cette grande pensée; en 1874 il a fait enlever les Stations et la croix monumentale, que les fidèles baisaient en passant avec un religieux respect.

Du Colisée nous passons au Forum de Trajan. Ce Forum fut construit par Trajan l'an 112 de notre ère ; il n'est actuellement que le tiers du Forum primitif. Une partie de ce Forum était occupée par un temple dont on voit encore les colonnes rangées par ordre ; ces colonnes n'ont guère que deux ou trois mètres de hauteur. Le temple en question fut découvert par Napoléon Ier en 1813, lors de l'occupation française. Le plus bel ornement de ce Forum est la colonne Trajane, haute de quarante-quatre mètres. Sur le fût sont sculptées les victoires de Trajan sur les Daces. Cette colonne, qui a servi de modèle pour la colonne Vendôme, était surmontée de la statue de Trajan en bronze doré, qui fut remplacée par une statue de l'apôtre saint Pierre sous le pontificat de Sixte-Quint. De là nous passons devant la fontaine de Trévise, la plus belle de Rome, et digne des plus grandes villes. Une inscription rappelle que cette fontaine est due au pape Clément XII. La statue du milieu représente Neptune ayant à ses côtés la Santé et l'Abondance. Quatre colonnes portent les statues des quatre Saisons. Ici se termine notre journée.

Jeudi 1er octobre.

Nous devons avoir une audience du Saint-Père ; elle est destinée à la jeunesse des diverses nationalités dont nous avons déjà parlé ; les membres du pèlerinage ouvrier, arrivés la veille, y sont également admis. Elle a lieu dans le bras droit du transept, au fond duquel est dressé le trône pontifical. Les assistants sont au nombre d'environ cinq mille. Le Saint-Père arrive vers midi, porté sur la *sedia,* entouré des cardinaux et prélats de sa Cour. Parmi eux nous remarquons le cardinal Langénieux et Mgr l'archevêque d'Aix. Les acclamations accoutumées se font entendre. Le Pape paraît mieux portant que les jours précédents ; sa figure est plus vive, plus animée. Il monte sans difficulté les marches du trône. et y prend place Alors, au nom de toute l'assistance, M. le commandeur Alliata, président général de la Société de la Jeunesse catholique italienne, donna lecture d'une adresse en latin. En voici le résumé : « Quoique appartenant à différents pays, la jeunesse est unie par la même foi et les mêmes aspirations. Elle vient aux pieds du Pape apprendre, de lui-même, ses enseignements. Nous promettons de garder toujours notre foi et notre dévouement au successeur de Pierre, et de ne jamais abandonner les droits de l'Église. Dieu veuille que ces droits lui soient enfin restitués ! » L'orateur demande, en terminant, la bénédiction de Léon XIII pour les jeunes gens présents à l'audience, pour leurs Sociétés et pour leurs familles. Le Pape fit alors donner lecture de sa réponse par un prélat. Cette réponse était en latin ; nous la donnons en français *in-extenso:*

« Chers fils,

» Votre présence si agréable pour Nous et cette piété

pleine de juvénile ardeur que nous voyons briller jusque sur vos traits comblent la joie que, ces jours derniers, Nous a procurée, à plusieurs reprises, la vue de tous ceux qui, en si grand nombre, sont venus en pèlerinage vers Nous. Toujours, en effet, Nous avons été porté à consacrer à la jeunesse Notre affection, à mettre en elle Notre bonheur. Aussi, pendant toute Notre vie, aux divers degrés des fonctions qui Nous ont échu, avons-Nous toujours voulu et procuré avec un soin particulier que de la salutaire vertu de la religion, fussent pénétrés à temps et profondément imbus, ceux qui étaient élevés dans les collèges, dans les séminaires et dans les lycées. Il est donc tout naturel que Nous Nous réjouissions en ce jour, en voyant ici une si grande multitude de la jeunesse chrétienne qu'une même foi, une même piété a amenée à Rome de contrées si éloignées et si diverses pour y vénérer les restes mortels de saint Louis de Gonzague et l'auguste Chaire de saint Pierre. Si Nous en sommes vivement réjoui, ce n'est pas tant à cause de Nous que de vous-mêmes. Vous savez, en effet, vers quelles erreurs est principalement portée notre époque; elle s'efforce de répudier tout enseignement de la sagesse chrétienne, par une pleine et perpétuelle séparation d'avec l'Église catholique. Et, afin que cela se réalise, les fauteurs de ce dessein funeste poursuivent surtout et très perfidement la jeunesse par tous les moyens, notamment par cette perverse méthode de doctrine qu'ils proclament devoir être pleinement laïque et par laquelle ils étouffent tout germe de foi divine dès qu'il commence à lever dans les cœurs. Ainsi, ils forment une jeunesse non seulement pernicieuse pour l'État, mais vouée à devenir pour elle-même sa propre ruine.

» Oublieux, en effet, du salut éternel et entraînés dans l'erreur de leur destinée, n'envisageant que les choses mortelles et caduques, privés des secours que l'on ne peut attendre que de la religion, les jeunes gens devront forcément et inconsidérément s'adonner aux vices et tomber au pouvoir des sectes perverses. La vérité de ces choses est reconnue; ceux qui disent le contraire aboutiront peut être à circonvenir par la flatterie la jeunesse inexpérimentée, mais nullement à ébranler ce que la raison proclame et les faits confirment, à savoir qu'il n'est jamais possible, pas plus aux particuliers qu'aux familles et aux États, d'atteindre la prospérité et la grandeur au mépris de Dieu.

» Par contre, parmi les choses qui sont honnêtement désirées et qui répondent à l'utilité privée et publique, en est-il quelqu'une à laquelle, grâce à la religion et à l'Église, il ne soit permis d'aspirer? Certes, la religion est aux jeunes esprits un guide excellent pour les diriger vers ce qui est vrai, honnête et beau ; elle perfectionne et ennoblit les bonnes tendances du cœur; elle en réforme et corrige les mauvaises. Si les jeunes gens se consacrent à l'étude des sciences, l'Église favorise les progrès de toutes les sciences ; s'ils cultivent la littérature, elle a toujours été la gardienne et la mère des belles-lettres ; si c'est aux arts libéraux qu'ils se forment, c'est elle aussi qui, de son souffle, a poussé tous les arts au sommet de la perfection; s'ils sont dédiés aux affaires et aux transactions commerciales, la religion leur ordonne d'observer strictement la justice et l'équité dans toute stipulation.

» Que s'il vous plaît, Chers fils, de contempler comme dans un miroir ce que peut le jeune homme qui se laisse pleinement former par elle, considérez saint Louis de Gonzague. C'est, en effet, grâce à l'Église et par l'œuvre de la religion qu'il lui fut donné, au milieu même de la corruption des mœurs, de rester intègre, au point qu'il sembla plutôt un ange qu'un homme. La religion aussi a fait que, au milieu des richesses et des distractions de la maison paternelle, il excellât dans les vertus les plus austères, comme dans une sainte retraite; que, foulant aux pieds toutes les choses humaines, il fût amené, par la grâce de Dieu, à abdiquer le droit héréditaire du principat ; que, sur la limite de sa vingt-quatrième année, il devînt un modèle de charité et de perfection religieuse; enfin, qu'il atteignît un si haut degré de gloire céleste que la pieuse vierge Madeleine des Pazzi, honneur de sa race, crut à peine qu'il y en eût l'égale au ciel. Nous prions Dieu ardemment qu'il conserve en vous jusqu'à la fin, Chers fils, cet esprit et ces dispositions, et nous espérons, grâce à la bonté divine, qu'il en sera ainsi.

» Au demeurant, avec l'Église est intimement uni le Pontife romain, car la véritable Église ne saurait subsister là où il n'est pas. *Ubi Petrus, ibi Ecclesia*[1]. Il s'ensuit que le respect et l'amour pour l'Église ne peuvent être séparés du respect et de l'amour envers le Pape. Or, à la suite de la tourmente de ces derniers temps, vous savez bien que la condition du Pontife romain est maintenant indigne et intolérable. Ceux qui disent qu'il est libre faussent le vrai concept de la liberté, car qu'est-ce que cette liberté qu'il dépend de l'arbitre d'autrui de donner et de retirer? Au milieu des menaçantes vicissitudes des affaires politiques, la faculté même d'accéder auprès de Nous peut être entièrement supprimée, au gré de ceux qui commandent. Aussi avez-vous justement déclaré tout à l'heure que Nos droits vous sont à cœur; certes, ils sont très dignes de rallier les suffrages et la défense de votre part, ainsi que de celle de tous les bons.

» Que, grâce à vos efforts, le fruit de votre pèlerinage soit donc que chacun de vous adhère, de plus en plus étroitement, au Siège Apostolique; faites en sorte, à votre retour, de propager auprès d'un grand nombre, par votre exemple et votre œuvre, les mêmes sentiments de filiale piété; luttez d'un commun accord et par tous les moyens légitimes en faveur du Pontificat romain, car c'est vraiment de cette cause que dépend en grande partie la marche prospère de l'Église, la sauvegarde de la religion et la tranquillité même du monde ébranlé. — Cependant, comme gage des grâces célestes et en témoignage de Notre paternelle bienveillance, Nous accordons affectueusement dans le Seigneur la bénédiction Apostolique à vous, à vos familles et à toutes vos associations. »

Le Pape a ensuite admis au baisement du pied et de la main les chefs des députations; puis, il s'est levé et a donné la bénédiction Apostolique à l'assistance. La voix du Pape, quoique chevrotante, est encore assez forte pour un vieillard de quatre-vingt-un ans; on l'entendait du milieu de la basilique. Enfin, le Pape s'est retiré, porté sur la *sedia*, au milieu de chaleureuses acclamations.

Nous sommes au Vatican; nous en profitons pour visiter le musée de ce Palais, le plus vaste et le plus

---

1. Où est Pierre, là est l'église.

riche musée du monde entier. Nous montons l'escalier royal, nous traversons la salle du même nom, nous entrons dans la chapelle Sixtine. Cette chapelle, édifiée par Sixte IV, à 40 mètres de long sur 14 de large. L'autel est surmonté de la fameuse fresque de Michel-Ange, le Jugement dernier. En haut, à droite et à gauche, des Anges portent les instruments de la Passion. Au milieu, Notre-Seigneur condamne les pécheurs. Au-dessous, à gauche, les Apôtres et les Martyrs ; à droite, la sainte Vierge et les justes. Plus bas, au milieu, un groupe d'anges ; à gauche, les damnés ; à droite, les élus. Enfin, des morts qui ressuscitent. De la chapelle Sixtine nous passons aux Loges de Raphaël. Ces loges ou galeries ont trois étages ; elles ont été construites sous Jules II et Léon X. Les peintures sont de Raphaël et de ses élèves ; elles sont surtout relatives à l'Ancien Testament.

Nous passons ensuite aux Chambres de Raphaël ; les fresques de ces chambres sont extrêmement remarquables.

La première est la chambre de Constantin. Le grand panneau en face des fenêtres représente la victoire de Constantin sur Maxence ; à gauche l'apparition de la Croix, à droite le baptême de Constantin ; au quatrième panneau la donation au pape saint Silvestre de la souveraineté de Rome.

La deuxième est la chambre d'Héliodore. Héliodore est chassé du temple ; c'est la principale fresque. Les trois autres n'ont aucun rapport avec cet épisode de l'Histoire Sainte. Ce sont : le miracle de Bolsena, un prêtre disant la messe voit du sang couler sur le corporal ; saint Pierre délivré de la prison par l'ange ; saint Léon repoussant Attila.

La troisième est la chambre de l'école d'Athènes ; c'est la plus belle. Les quatre panneaux de cette chambre représentent la Philosophie, la Théologie, la Poésie, la Jurisprudence ; chacun de ces panneaux, comme on va le voir, comprend un grand nombre de personnages représentés avec des attitudes différentes.

Philosophie. — Platon et Aristote sont les personnages dominants de cette scène ; Socrate s'entretient avec Alcibiade ; Pythagore est entouré de ses élèves ; Zoroastre et Ptolémée s'occupent d'astronomie ; Dio-

gène est couché ; Archimède représente les mathéma-
tiques, et Pyrrhon le doute.

Théologie. — Le sujet est la dispute du Saint-Sacrement, les docteurs disputent sur la présence réelle.

En haut, l'église du Ciel, la Sainte Trinité ; à droite et
à gauche de Notre-Seigneur la sainte Vierge et saint Jean
Baptiste ; au-dessous et entremêlés saint Pierre, Adam,
saint Jean, David, saint Étienne, saint Laurent, Moïse,
saint Jacques, Abraham, saint Paul. Au-dessous de l'Église
du ciel, l'Église de la terre, unie à celle du ciel par le
Saint-Sacrement, qui est le centre de la vie chrétienne.
A gauche saint Jérôme et saint Grégoire ; à droite
saint Ambroise et saint Augustin ; derrière eux, au second plan, Pierre Lombard, saint Thomas d'Aquin,
saint Bonaventure, le pape Anaclet et le pape Innocent III.

Poésie. — Apollon, assis sous des lauriers, est
entouré des neuf muses. A droite et à gauche, comme
il était naturel, sont groupés les principaux poètes de
la Grèce et de Rome, notamment Homère, Virgile et le
Dante. Ce panneau est tout différent des autres ; il a
en effet un aspect plein de grâce, de fraîcheur, tandis
que les autres ont un aspect plus grave, plus sévère.

Jurisprudence. — Trois figures allégoriques domi-
nent ce panneau : la Prudence, la Force et la Modéra-
tion ; à droite et à gauche sur les côtés, Justinien
donne les *Pandectes* à Tribonien, et Grégoire IX remet
les *Décrétales* à un avocat consistorial.

Chambre de l'incendie de Borgo. Le pape Léon IV
éteint par un signe de croix un violent incendie. Cette
composition est pleine de mouvement et de vie : c'est le
panneau principal. Les trois autres : saint Léon III se
justifie devant Charlemagne ; Léon IV en prière à Ostie,
remporte une victoire sur les Sarrasins ; Léon III cou-
ronne Charlemagne, empereur d'Occident.

Chambre de l'Immaculée-Conception. Cette chambre
a été décorée par Pie IX en mémoire de la définition
du Dogme de l'Immaculée-Conception. Sur le panneau
principal, Proclamation du Dogme à saint Pierre ; toutes
les figures qui accompagnent sont les portraits des
prélats présents ; sur les autres panneaux, Discussion
du Dogme, Couronnement de la Madone du chapitre
de saint Pierre, et l'Église enseignant tous les peuples de
la terre. Comme ces peintures sont récentes elles ont

conservé tout leur éclat ; l'ensemble produit un très bel effet. Cette chambre est la dernière ; nous passons à la galerie des tableaux. Ils sont au nombre de quarante-six seulement ; mais tous sont des tableaux de maîtres. Les deux plus admirés sont la *Transfiguration* de Raphaël, et la *Communion de saint Jérôme mourant*, du Dominiquin. Ces deux tableaux placés en face l'un de l'autre et bien éclairés, sont pour ainsi dire vivants.

Nous descendons ensuite au Musée proprement dit. Il n'est pas possible de décrire toutes les merveilles de sculpture rassemblées dans ce musée ; un livre n'y suffirait pas. Citons spécialement deux salles : l'une, dite Chambre des Muses, où Apollon, jouant de la flûte, est représenté avec les Muses ; dans cette même salle sont les bustes de Démosthène, de Socrate et de Thémistocle ; l'autre, dite le Salon rond, occupée par des statues d'empereurs et de divinités, notamment par une tête de Jupiter, la plus belle que l'on connaisse. Cette salle comme la précédente, est due au Pape Pie VI. Dans ce même salon rond est un superbe bassin de marbre violet mesurant cinq ou six mètres. Enfin, dans la partie dite du Belvédère, on admire le groupe de Laocoon et la statue d'Apollon. Le malheureux prêtre essaie de dégager ses enfants et lui des terribles étreintes des deux serpents ; ce groupe est plein de mouvement et de vie. Apollon est représenté sous les traits d'un jeune homme d'une vingtaine d'années. Sa figure est à la fois douce et énergique, sa taille bien prise, ses jambes souples et élégantes ; l'ensemble plein de grâce et de vie. Cette statue est réputée la plus belle du Vatican, et l'une des plus belles du monde entier.

Nous visitons ensuite l'église de Saint-Pierre. Comment décrire cette basilique, qui est un ensemble de merveilles ? Donnons quelques chiffres. L'église de Saint-Pierre du Vatican est la plus grande du monde. Sa longueur est de 187 mètres 50 ; elle couvre une superficie de 21,192 mètres carrés. Commencée en 1450, elle a été consacrée seulement en 1626. Seize architectes y ont travaillé ; elle a coûté 250 millions. La façade a 123 mètres de large et 50 mètres de haut ; elle est surmontée de treize statues, Notre-Seigneur et les douze Apôtres, de 5 m. 70 de haut. A droite et à gauche du portique qui précède l'entrée sont les statues équestres de Constantin et de Charlemagne. La place qui s'étend devant l'église est ornée d'un magnifique obélisque surmonté d'une croix, et de deux belles fontaines. La place, en hémicycle est entourée d'une magnifique colonnade portant des statues, œuvre du Bernin.

Cinq portes donnent accès dans l'intérieur, divisé en trois nefs. La nef principale a 45 m. 47 de hauteur et 25 m. 25 de largeur. La coupole a 42 m. 20 de diamètre et 117 mètres de hauteur jusqu'à la voûte ; la croix qui domine la lanterne, est à 137 mètres. L'autel papal est surmonté d'un riche baldaquin supporté par quatre colonnes torses en bronze doré de 29 mètres de haut. Au-dessous de cet autel repose le corps de saint Pierre ; la tête de l'apôtre, ainsi que celle de saint Paul, est à saint Jean-de-Latran, comme nous l'avons dit plus haut. Au chevet de la basilique est un autre autel, dit autel de la Chaire. La vraie chaire, ou trône épiscopal de saint Pierre, qui fut, croit-on, la chaise curule du sénateur Pudens, est renfermée dans un reliquaire en bronze doré affectant la forme d'une chaire. Le monument est supporté par quatre docteurs, deux de l'Église grecque : saint Athanase et saint Jean Chrysostome, deux de l'Église latine : saint Augustin et saint Jérôme Le tout est surmonté d'une gloire au milieu de laquelle apparaît le Saint-Esprit. Les chapelles sont toutes plus belles les unes que les autres, de même que les tombeaux des Papes et de certains personnages que l'on voit çà et là. La chapelle du Saint-Sacrement est magnifique ; c'est dans cette chapelle que se trouve la porte par laquelle le Pape entre dans l'église. Non loin de là, à droite en entrant, est la chapelle dite de la *Piéta*, ainsi nommée parce qu'elle renferme le groupe de la Vierge recevant sur ses genoux le corps de Notre-Seigneur descendu de la croix. Ce superbe groupe en marbre blanc est un des plus beaux travaux de Michel-Ange. Ici finit notre quatrième journée.

Vendredi 2 octobre.

Cette journée débute par une messe célébrée à l'autel de sainte Pétronille par Son Éminence le cardinal Langénieux. Le pèlerinage ouvrier et le pèlerinage de la jeunesse sont réunis. Après la messe Son Éminence prend la parole et nous raconte l'histoire du culte de sainte Pétronille. Notre roi, Pépin-le-Bref regardant sainte Pétronille comme sa protectrice spéciale, invita le pape Etienne II à ériger une chapelle à la Sainte dans la basilique vaticane. Commencée en 756, elle fut achevée en 760, sous le pape Paul Ier, qui y baptisa la princesse Gisèle, fille de Pépin. Dans cette même chapelle fut baptisé en 781, le fils de Charlemagne, Carloman, qui eut pour parrain le pape Adrien Ier. Le droit de patronage sur la chapelle de Sainte-Pétronille a toujours été reconnu aux rois de France; nous sommes donc sur une terre française. Cette pieuse tradition avait été interrompue à la Révolution; elle fut renouée par le pape Léon XIII, glorieusement régnant, à l'occasion du pèlerinage ouvrier de 1889. Le pèlerinage fit alors don d'une lampe, qui brûle nuit et jour. Le passé est uni au présent, comme en témoignent les deux inscriptions suivantes sur marbre noir placées à droite et à gauche de l'autel. Ces incriptions sont en latin ; nous en donnons la traduction :

Paul Ier, souverain Pontife, déférant au désir de Pépin, roi des Francs, a placé dans le Vatican le corps de la vierge Pétronille, à qui l'antiquité a donné le beau nom de fille de l'apôtre saint Pierre, après l'avoir retiré de son tombeau primitif, et lui a élevé un mausolée le huit des ides d'octobre, l'an 757 de l'ère chrétienne ; ce sera un monument éternel du dévouement de cette très noble nation pour le siège apostolique.

Léon XIII, souverain Pontife, accueillant avec un cœur paternel les ouvriers français venus au tombeau des Apôtres, sous la conduite de Benoit-Marie Langénieux, cardinal-prêtre, archevêque de Reims, au mois d'octobre, pour restaurer une dévotion ancienne de cette très noble nation, a ordonné et décrété qu'une lampe, don des ouvriers français, veillerait toujours devant le tombeau de Pétronille, implorant sans cesse le secours de cette céleste Patronne pour le salut de la France.

Son Éminence termine par quelques conseils, pleins de sagesse, à l'adresse des jeunes gens.

Nous consacrons l'après-midi à la visite des monuments qui nous restent à voir. Nous débutons par le Panthéon. Ce monument, qui a une forme circulaire, fut bâti par Agrippa, favori d'Auguste, 28 ans av. J.-C. en mémoire de la bataille d'Actium. Il est surmonté d'une belle coupole, terminée par une lanterne qui éclaire l'édifice.

Le 13 mai 609, sous le règne de l'empereur Phocas, le pape Boniface IV fit du Panthéon une église chrétienne, sous le vocable de Notre-Dame-des-Martyrs, parce qu'il y fit transporter alors vingt-huit chariots d'ossements de martyrs. On voit dans cette église le tombeau de Victor-Emmanuel, qui se compose d'un sarcophage de marbre noir ; en face, est le tombeau de Raphaël, qui est fort simple. C'est alors que se passa ce qu'on a appelé l'incident du Panthéon, si étrangement exploité par la populace de Rome, comme peuvent en témoigner tous les pèlerins. Après la lettre de M. Choucary au *Soleil*, le rapport de M. Harmel au Souverain Pontife, et le discours de M. de Mun à la Chambre des députés, la lumière est faite ; il ne reste plus rien à dire. Aussi nous n'insistons pas. Nous passons à Sainte-Marie-sur-Minerve. Cette église est ainsi appelée parce qu'elle a été construite sur l'emplacement d'un temple de Minerve, érigé autrefois par Pompée. Les colonnes de l'église, fort belles du reste, sont celles du temple. Cette église est de style gothique, style fort rare à Rome, la plupart des églises appartenant au genre Renaissance. Le maître-autel en cuivre doré renferme le corps de sainte Catherine de Sienne. Derrière le maître-autel, à gauche du chœur, on voit le Christ de Michel-Ange en marbre blanc. Notre-Seigneur debout, semblant marcher, tient dans la main droite sa croix appuyée sur le sol. Tout près de ce Christ est le tombeau de Fra Angelico. Dans la nef de droite est la chapelle de l'Annonciation, siège d'une confrérie établie au XVe siècle, pour fournir une dot aux jeunes filles pauvres. Cette confrérie distribue chaque année quatre cents dots de 163 fr. chacune. Sur la place de cette église est un obélisque porté sur le dos d'un éléphant.

Nous arrivons ensuite à l'église du *Gésu*. Elle date du VIIe siècle. Ce qu'il y a de plus remarquable dans cette église, c'est l'autel de Saint-Ignace, qui renferme le corps du Saint. Cet autel, véritable monument, est réputé le plus beau de Rome. Deux groupes le complètent à droite et à gauche : la Religion éclairant les nations barbares, et la Religion terrassant l'hérésie. De là, nous passons au Capitole. Un large escalier y conduit. Au haut de cet escalier sont les statues de Castor et Pollux. Au milieu de la place, une magnifique statue équestre de Marc-Aurèle, la seule statue équestre que l'antiquité nous ait léguée. En face du spectateur, l'Hôtel de Ville, à droite le palais dit des Conservateurs, à gauche, le musée. Ce musée, beaucoup moins important que celui du Vatican et, comme ce dernier, œuvre des Papes, renferme pourtant de précieuses collections. Deux salles sont surtout à remarquer : celle des Écrivains et celle des Empereurs. Dans le première sont les bustes des grands écrivains de la Grèce et de Rome : Homère et Virgile, Démosthène et Cicéron, Sophocle et Horace, etc... Un des plus beaux bustes est celui de Cicéron. L'illustre orateur a une figure grave, pensive, presque austère ; on dirait plutôt un juge qu'un avocat. Dans la seconde sont les bustes des Empereurs et des grands personnages ; deux sont à citer : Brutus et Jules César. Dans l'une de ces salles est la fameuse statue du gladiateur mourant. Le gladiateur, à demi couché sur le sol, s'appuie sur la main droite et a la tête penchée. On sent qu'il n'a plus que quelques instants à vivre ; on attend pour ainsi dire qu'il s'étende complètement en rendant le dernier soupir ; cette statue produit un effet saisissant. Enfin dans ce même musée on conserve une pièce vraiment précieuse pour l'histoire. C'est le décret par lequel le Sénat confère le souverain pouvoir à Vespasien. Le texte de ce décret est gravé sur une table de bronze. Sur cette même colline du Capitole, auprès du Musée, est l'église de l'*Ara Cœli*, Autel du Ciel. Cette église a été construite sur l'emplacement du fameux temple de Jupiter Capitolin, le plus auguste de la Rome antique. Cette église, fort grande, a 26 autels. Dans la sacristie, on vénère le *Santissimo Bambino*, statue en bois d'olivier de l'enfant Jésus. Au sortir de cette église, nous traversons la place du Capitole pour aller voir la Roche Tarpéienne. Cette roche, d'où tant de condamnés furent précipités, n'est guère actuellement que de 15 mètres au-dessus du sol ; à l'origine,

le sol devait être beaucoup plus bas. Nous descendons
du Capitole pour aller à la prison Mamertine. Cette prison, qui remonte aux premiers rois de Rome, a deux
étages. Le second est vraiment affreux ; on y descendait
le prisonnier par un trou circulaire percé dans le sol du
premier. C'est là que furent étranglés les complices de
Catilina et que le malheureux Jugurtha mourut de faim.
Saint Pierre et saint Paul y furent enfermés pendant
huit ou neuf mois ; ils y convertirent leurs geôliers Pro-
cès et Martinien, et les baptisèrent avec l'eau d'une
source qui jaillit miraculeusement. Aujourd'hui on ar-
've au premier cachot par un escalier assez large, et
au second par un escalier fort étroit ; la fontaine y coule
toujours. Dans l'un et dans l'autre sont de petits autels
pour la célébration de la messe. Cette prison, le plus
ancien monument de la Rome antique, rappelle également
ment les premiers événements du christianisme ; aussi
doit-elle être chère à tout chrétien. Nous venons de
voir le séjour des vaincus ; visitons maintenant celui
des vainqueurs et des maîtres ; nous sommes au Palatin. Le Palatin est une immense colline sur laquelle les
grands personnages de Rome et plus tard les Empereurs avaient leurs demeures. Aujourd'hui le Palatin
est une accumulation de ruines ; on y pratique toujours
des fouilles. Faisons l'énumération de ces ruines : Palais d'Adrien, Autel à un Génie, Salle des Prétoriens,
Palais d'Auguste, Temple de Jupiter Stator, *Trieli-
nium* ou salle à manger de Domitien, Palais de Justice,
Maison de Germánicus, Temple de Pallas, Palais de
Tibère, etc... C'est dans le temple de Jupiter Stator que
Cicéron prononça la première Catilinaire ; les trois autres furent prononcées dans le temple de la Concorde.
Les monuments du Palatin devaient être immenses et
somptueux ; immenses, puisque la salle à manger seule
pouvait contenir mille personnes ; somptueux, puisque
les colonnes de granit qu'on voit à Saint-Pierre pro-
viennent du Palatin.

En descendant du Palatin nous trouvons le Forum.
Le Forum est une place rectangulaire qui s'étend entre
le Palatin et le Capitole, du sud-est au nord-ouest. Le
sol sur lequel nous marchons doit être le sol primitif ;
il est de quatre ou cinq mètres plus bas que le sol envi-
ronnant ; il est encombré de débris. Faisons-en le tour

à notre descente du Palatin. Nous voyons successivement l'Arc de Titus, le Temple de Vénus, devenu l'Église de Sainte-Françoise-Romaine, le Temple de Romulus et Rémus, devenu l'Église des saints Cosme et Damien, l'Arc-de-Triomphe de Septime-Sévère, en marbre de Carrare, les restes du Temple de Saturne, dans lequel on conservait l'*Ærarium*, Trésor public, le piédestal de la statue de Domitien, les restes du temple d'Antonin et de Faustine, les restes du palais des Vestales, et du temple même de Vesta, dans lequel les Vestales entretenaient le feu sacré et conservaient le Palladium rapporté de Troie par Enée. Tous ces édifices ne sont plus représentés que par quelques colonnes plus ou moins bien conservées. L'arc de Septime-Sévère, le plus beau du Forum, était surmonté d'un char triomphal traîné par quatre chevaux conduits par l'Empereur, le tout de grandeur naturelle. Ce char fut, dans la suite, transporté à Constantinople, devenue la capitale de l'Empire. Lorsque les Vénitiens s'emparèrent de cette ville au temps des croisades, ils l'emportèrent à Venise. Bonaparte, maître de Venise, le fit transporter sur l'Arc-de-Triomphe du Carrousel. Enfin, en 1815, les alliés le reprirent et le reportèrent à Venise, où il est encore; celui de Paris n'est que le *fac-simile*. Près de l'emplacement occupé aujourd'hui par l'arc de Septime-Sévère, se trouvait la fameuse tribune aux harangues ; on voit encore les trous dans lesquels on plaçait les rostres. L'orateur, monté sur cette tribune, tournait le dos au Capitole ; il avait à sa droite le temple de Vesta, et à sa gauche le temple de Romulus et Rémus.

Au milieu même du Forum on voit la base des colonnes qui supportaient la basilique de Jules César ; cette basilique, composée de cinq nefs sans abside, servit, après la mort de Jules César, de Palais de Justice. Il est bien probable que le Forum actuel n'est qu'une partie de l'ancien, puisque c'est sur le Forum que se tenaient les assemblées populaires.

Du Forum nous allons à Saint-Pierre-aux-Liens. Cette église est ainsi nommée parce qu'on y conserve les chaînes avec lesquelles l'apôtre saint Pierre fut lié à Jérusalem par Hérode, et à Rome par Néron. Ces chaînes sont dans un beau reliquaire placé sous le maître-autel ; dans la crypte sont les corps des sept frères Machabées. Dans la chapelle de droite est le fameux *Moïse*, un des plus beaux chefs-d'œuvre de Michel-Ange. Cette magnifique statue est le plus bel ornement du tombeau du Pape Jules II, superbe mausolée en marbre blanc.

Nous sommes arrivés au terme de nos visites et de notre voyage. Le pèlerinage devait avoir une cérémonie de clôture dans l'église de Saint-Ignace, à l'autel de Saint-Louis de Gonzague; en raison de l'incident du Panthéon, cette cérémonie n'eut pas lieu. Le départ, fixé à onze heures du soir, ne s'effectua qu'à trois heures du matin.

Nous fîmes au retour les mêmes exercices qu'à l'aller Le train arriva à Paris le dimanche 4 octobre, vers minuit. Les pèlerins rentrèrent dans leurs foyers, charmés du voyage, et leur joie eût été sans mélange, s'ils n'avaient pas eu trois d'entre eux sous les verrous de l'étranger. Grâce à Dieu, ils reprirent vite leur liberté.

Avant de poser la plume, nous tenons à exprimer de sincères remercîments au Révérend Père Tournade, auteur du pèlerinage, à M. l'abbé Boullet et à M. le vicomte de Roquefeuil qui ont partagé ses sollicitudes, aux membres du Comité directeur, aux chefs de groupes; les uns et les autres se sont multipliés, se faisant les serviteurs des pèlerins.

Nous n'avons pas qualité pour parler en d'autre nom que le nôtre, mais nous savons fort bien que nous répondons au sentiment de tous les pèlerins.

En publiant ces pages, nous nous sommes proposé un double but: premièrement, faire profiter de ce beau pèlerinage, si tant est que la chose soit possible, ceux qui n'ont pu y prendre part; secondement, raviver dans le cœur des pèlerins les douces impressions qu'ils ont emportées de leur séjour dans la Ville-Éternelle. Avons-nous atteint le but? Le lecteur en jugera. Si nous l'avons atteint, nous demandons, en retour une prière pour nous et une aumône pour nos œuvres.

F. SARTON,
Curé du Poinçonnet.

Le Poinçonnet, par Châteauroux (Indre),
Octobre 1891.

Châteauroux. — Typ. et Stéréotyp. A. MAJESTÉ.

Châteauroux. — Typ. et Stéréotyp. A. MAJESTÉ.